Helechos en los poros

TRÁNSITO DE FUEGO

Colección de poesía

Poetry Collection

JOURNEY OF FIRE

Carolina Campos Solís

HELECHOS EN LOS POROS

Nueva York Poetry Press LLC
128 Madison Avenue, Oficina 2RN
New York, NY 10016, USA
Teléfono: +1(929)354-7778
nuevayork.poetrypress@gmail.com
www.nuevayorkpoetrypress.com

Helechos en los poros
© **2021 Carolina Campos Solís**

ISBN-13: 978-1-950474-77-6

© Colección *Tránsito de Fuego* Vol. 15
(Homenaje a Eunice Odio)

© Dirección y edición:
Marisa Russo

© Revisión literaria:
Daniel Araya Tortós

© Diseño de portada:
William Velásquez Vásquez

© Diseño de interiores:
Antonio Ojeda

© Fotografía de portada:
Flavia Sánchez

© Ilustraciones:
Marjorie Navarro

© Foto de la autora:
Eka Mora

Campos Solís, Carolina
Helechos en los poros / Carolina Campos Solís. 1ª ed. New York: Nueva York Poetry Press, 2021, 112 pp. 5.25" x 8".

1. Poesía costarricense. 2. Poesía centroamericana 3. Poesía latinoamericana.

Todos los derechos reservados. Esta publicación no puede ser reproducida, ni en todo ni en parte, ni registrada en o transmitida por, un sistema de recuperación de información, en electroóptico, por fotocopia, o cualquier otro, sin el permiso previo por escrito de la editorial, excepto en casos de citación breve en reseñas críticas y otros usos no comerciales permitidos por la ley de derechos de autor. Para solicitar permiso, contacte a la editora por correo electrónico: nuevayork.poetrypress@gmail.com

A Tita Flor,

quien estaría muy orgullosa
y quien, de alguna forma,
me heredó esto.

A Carolina,

la que tenía miedo de verse al espejo,
la que no conocía su luz,
la niña.

Que mi cuerpo era un árbol y el dueño de los árboles
no es su sombra, es el viento.

ROSARIO CASTELLANOS

…la misma soledad, la no mentida,
y este largo destino de mirarse las manos hasta envejecer.

OLGA OROZCO

Ahora estaba hecha de cosas revueltas.

SILVIA ELENA

PREFACIO

Carolina, escritora y mujer audaz, se asomó hace ya varios años en una ventana de mi computador, con la sensatez que solo es posible cuando la curiosidad es tan sincera que las palabras no saben cómo dormir entre la rutina. Así la conocí, o más bien fue ella, quien me invitó a dar los pasos necesarios para que la poesía, vieja conocida, tuviera aún más amplitud y ecos. Así sensata y atrevida, con todas las interrogantes y las certezas necesarias, escribe Carolina Campos Solís.

Gestar, brotar, nacer, verbos terrenales y femeninos, describen algo que se rompe para dar paso a la vida. Ante el espejo y el recuerdo, Carolina que es magma, se multiplica devenida en partículas como versos. Como la grieta en la pared de donde nace terco y perseverante el helecho silvestre, fractura deseada y sin cura, es el camino al que nos invitan los poemas que habitan este libro. Son una pausa en la cotidianidad para entender desde adentro cómo se transforma la vida mientras la recorremos.

Este poemario es una casa. La autora se ha *visto muchas veces las paredes de la piel, y ahora no las rasga, las convierte en nido*, espacio que invita al silencio y la calidez. Origen, familia, sexualidad y justicia social no son tópicos del discurso, o las preguntas existenciales de una poética en construcción, más bien forman la ontología de la Mujer Volcán.

Esta ópera prima que pudo ser llamada de tantas formas, es sencilla, no se ocupa de las pretensiones y nace, se mira a sí misma y toma su lugar naturalmente. Mi invitación a leer el libro es subjetiva y no tan hermosa o exhaustiva como debería, se escribe como Carolina me ha enseñado a transitar: desde la admiración de colega y el amor de amiga.

¡Provecho! estimadas y estimados lectores.

Silvia Elena
Pérez Zeledón, enero, 2021

BROTAR

OROGÉNESIS

Vienen de las fracturas.

La tierra se quiebra
para elevarse en formas nuevas.
Es una fuerza desde adentro.

       Así
       nacen las montañas.

Hace muchas horas
se siente montaña:
            se rompe internamente,
pariendo paisajes frescos.

Como casa de bosque lluvioso,
que nace en silencio desde la raíz
            y se expande,
creando cielos verdes.

Con las ramas cruzadas
y los suelos de barro,
a las montañas les crece
un vientre.

Ahí, se encuentra con ella misma,
se vuelve hacia adentro:

se había visto muchas veces
las paredes de la piel,
y ahora no las rasga,
las convierte en nido.

Ya escribió poemas desde
las capas subterráneas,
como forma diminuta, que sobrevive
la falta de respiro y luz.

Ahora
asoma los canales de aire
como brote de helecho que
se desdobla al nuevo mundo.

Pausada,
al ritmo que crecen los árboles.

Con la confianza de que el cauce
regresa siempre a las olas,
y otra vez al cielo
y que otra vez nacerán montañas.

Se contrae,
se descubre,
y recoge semillas
antes de empezar a caminar.

AUTORRETRATO EN TRES TIEMPOS

I.

Soy demasiado humana
ante los abismos más fuertes
mamá es todavía remedio infalible
y maga espanta infiernos

II.

Papá me enseñó a querer los abejones
cómo se quieren las lluvias de mayo
por su vocación anual
Así quiero las cosas que me visitan por temporadas
las frutas, las dudas
y mi sangre paralela a la luna
A veces me quiero yo por temporadas
como quien celebra la llegada de los insectos
honrando su ciclo de vida
Papá me contó que no estaban hechos para volar
yo, amparada al celofán de su magia, creo
que los abejones sembraron sus propios mitos
y entonces así
                    volaban

III.

Me construí explorando los canales de la piel
me crecieron las manos, jugaron con barro y con madera
buscando el cielo las volví hacia adentro
y me abrí túneles que bordearon la censura

                                      mujer laberintos

Soy todos los fragmentos
que recogí en el camino
para reconstruirme desde los pies

                                      hasta el vientre

BOCETO I

Pasos con eco
        labio sangrante
libélulas   danzan
y adornan la cabeza.

Ella despierta
inmóvil
            oreja pegada al suelo.
Se proclama más viva que nunca:

los dolores que engendró
        solo la estaban pariendo.

Rasguño

inquieta agita los pies en una piscina de aire que instaló
                         en el fondo de sus sábanas
                   la almohada recibe el peso
           de una cabeza en ritmo tres por cuatro, húmeda
de líquidos que brotan de su verdugo
espera ser mecida por la luna y convertir las uñas
                en semillas, para que nazcan raíces y treguas

                              cuando se abra
surcos en la espalda

Desde el borde de la almohada los ojos de la gata son piscinas de algas

Giro
me suspendo boca arriba
y descubro un portal:

> Una niña juega a las escondidas en una casa inhabitada. A los seis años, los cuartos vacíos son campos de juego
> que no dan miedo.

La espalda contra el piso
me trae de vuelta:
ahora a este espacio
le urge llenarse.

Afuera parece que a las calles
les vertieron tilo
y las pusieron a dormir;
adentro mi niña invoca leche tibia
y una canción de arrullo.

Pregunta
por qué
lo único que hago bien
es tirarme de la cama.

MIS PIERNAS SE HAN CUBIERTO DE HERRUMBRE

I.

Encallé
con surcos en la espalda
y memorias tejidas por sangre.

Aprendí propios los vacíos de mamá;
ahora me raspo las heridas
              mi lengua las barre,
invocando la saliva redentora.

Distingo a lo lejos los dolores de papá;
veo su ternura reducida mientras
lucha;

finge que no duele.

II.

Mientras las olas tocan mi piel
quisiera contarles que mi cama
está hecha
mis sueños impecables
mis articulaciones libres
        de la culpa que grita el mundo.

Pero el útero me palpita
y reclama las mordazas
              de los fármacos,
      los prejuicios,
       y todas las veces
            que no hablé.

III.

Mientras las algas llenan mis poros
intento encajar versiones
de mí misma en un solo cuerpo,

            No sé
cuáles sobrevivirán
pero sé de algunas
que estoy dispuesta a salvar.

IV.

Cada vez que veo la luz
me inclino y
beso mis propios pies,
            que me trajeron a la orilla.

Inmóvil.
el aire de mi nariz infla burbujas en la arena.

Encallé
pero cultivo adentro
la resurrección.

Parece poema pero es anécdota

He aquí una vibración;
diferente a la que dan los átomos
cuando sostienen el cuerpo,
y aún así, activa las piernas.

He aquí una vibración;
diferente a la de un Sol cantado
en las paredes del útero,
y aún así, lanza ecos internos.

Me cierra los puños,
como explotan los capullos
de las chinas. Ahora soy yo
la que revienta.

Esta vibración
rueda por mis dedos
ante mi mano rendida
al lado de mis hombros.

La he pintado
para que todas la conozcan
en una cartulina satinada de color morado
con láminas que mamá compró indignada.

He aquí una vibración;
la he descubierto yo solita.

Es

la vibración

de mi consolador.

Ayer volví a escuchar pop

Puse escarcha en mi pelo
estrellitas pegajosas al lado de los ojos,
pantalón campana y plataformas.

Escribí un poema en papel de carta
que nada tenía que ver
con morderse las uñas,
llorar despedidas,
o romper paradigmas
mientras se lavan los platos.

Era sobre el pájaro amarillo
que tomaba sol todos los días
en la tapia de la escuela;
sobre convertir el patio en jungla,
y hacer siestas a las diez de la mañana.

Ayer volví a escuchar pop.
Pedí una canción para grabar,
pero ya nadie hace mezclas en *cassettes*
ni pinta diseños en sus cajas.

No hay coreografías
ni torneos de *hacky sacks*
no hay besos detrás del gimnasio
ni "toda la vida por delante".

Entonces recordé
que escribo poemas en pantallas
escuchando Radiohead,
sin escarcha en el pelo
y los ojos blindados
con líneas de tiempo.

CENTRÍFUGA

Hoy lavé la ropa como quien empapa el alma para luego exprimirla. Me desvestí solemne, vigilando el barro que corrompía la tela mojada; nadie hubiera querido que se extendiera más allá de las prendas que ya llevaba puestas. Forcé la salida del jeans que, asido a la cima de mis nalgas por el líquido trepado en sus fibras de mezclilla, se resistía al recorrido de la cintura al suelo.

Ahogué la carga, inicié el ciclo y me quedé expuesta frente a la máquina, esperando el milagro de la limpieza.

DÍA DE CAMPO

Una colonia de hormigas secuestró mi brazo.
Yo quería comerme un domingo sin urgencia
y que las dantas me escogieran como suya.

Un río se jacta de su cuenca
frente a mis pies aislados,
pies urgidos por desembocar
                            en el mar,

y abrirse en corrientes
revolcar un cuerpo que mira al cielo
abre los brazos
y no presta atención.

En cambio mis brazos
sembrados en la tierra
siguen nutriendo formícidos.

Y o   n o   p e d í   r o b a r m e   l a   m a n z a n a

quería que el jugo me rodara por las piernas
y devolver las piedras que lanzaron
                          devolvérselas al río.

Comerme un domingo sin urgencia;
que las dantas me escojan como suya
y entonces las colonias de hormigas
ya no puedan secuestrar mis brazos.

LA GATA

> No es la luz lo que importa en verdad
> son los 12 segundos de oscuridad.
> JORGE DREXLER

La gata olió mis pies
con la nariz fría
sin sentir contraste.

Mi pantalón verde
ya no se camufla
con los muebles,

        me morí tres veces antes de que
            la sangre tocara el piso.

Un disco de Drexler
opaca el silbido del té de valeriana
que iba a salvarme.

    Hervir el agua,
    agregar las hojas,
    dejar reposar
    por 10 minutos
dijeron los del mercado.

La gata se cansó
de olerme los pies
porque hace tres días
nadie llena su plato.

Alguien abre la puerta y
la gata escapa del olor
que ya tampoco se camufla.

No regresa.

Si se topan a la gata
no la traigan de vuelta.
No la envuelvan en ropas
ni le den de mamar.
No la críen
ni le regalen libros.

Esto no es un poema,

                        es un acto de clausura.

Segundo asalto

Tiene nueve pieles diferentes,
pocos años.

En el patio, los niños corren
y astillan su reflejo con palabras.
Arde.

A los doce,
nariz grande, mejillas infladas, ojos pequeños.
No es bonita.

Quince,
se mide la cintura, la cadera y las tetas.
Pierde.

Dieciocho,
amanece inconsciente por las dudas
que ortigan la lengua y la memoria.
Busca un rostro en pupilas que no ven,

las arranca
desciende por el cuenco de los ojos
bota cajas viejas
y aprende a tocarse.

Ya no arde.

                                        Regresa al patio.
                                       Descuelga el espejo.

                                                      Juega.

Esporas

SOFÍA

> Te quiero como gata boca arriba,
> panza arriba te quiero.
> GIOCONDA BELLI

Mi vida,
    le dije bajito al oído
he sembrado semillas de fuerza
en cada una de tus manos.

Para tu risa construí una fuente
de dulces y maracuyá;
he revestido tu útero de tintas
inventadas por ancestras.

Con su herencia de colores
coloqué un escudo en tu pecho
para guardarte de los monstruos
que aún no hemos vencido.

Cada vez que lo descubras
todas las mujeres cantarán
y las plantas de tus pies
se elevarán al cielo.

Viniste
y un brote de helecho nació en mi ombligo,
para dejarte una selva que te cuide
cuando sea momento de partir.

El silencio ha traído a mis muertas de vuelta

Veo a la primera en el sillón
un partido de la Liga
la intro latina del *ranger* de Texas
      (¿cuáles fueron los amores platónicos de sus abuelas?)

olor a plátano horneado
canela
miel

a eso huelen
las tardes del '93
donde me enseñó a leer

Le hablo:

ahora entiendo tus horas de soledad
la taza huérfana que dejabas en la pila
cuando el resto de la casa estaba dormida

ahora esa taza amanece en la mía
sin ningún accesorio que desmienta
que solo la gata me acompaña

quiero alcanzar tu pelo
platinado *Fancy-Full #42*
que traías de la frontera

pero mi brazo es un péndulo en el aire
                (ya nadie invoca santos)

Veo a la segunda en mi habitación
se dibuja tortugas en los hombros
y redes en el pelo

olor a té de hierbas
madera con
limón
                (ya nadie cose parcelas en el Río Estrella)

Quiero hablarle
no la alcanzo
la casa vacía enterró las palabras

Aquí ya no entra ni sale nadie
solo las muertas que me ha traído el silencio

        La primera ahora prende una velita
     y con las cabezas suicidas al borde de la cama
            la segunda y yo
             fumamos un *joint*

En su armario no caben mis zapatos

Dijo que no
le abriría puertas a la casa.

No dejaría entrar mis miedos,
tenderlos en las paredes
al lado de sus grietas recién cosidas.

No me sentaría en su mesa,
ni tejería manteles con mis recuerdos;
tampoco haría girar
mi espalda sobre ellos.

Se negaba a compartir
las lluvias que inundan el ombligo
y demandan secarse al sol.

Ni siquiera estaba dispuesta
a planear domingos por senderos
y recoger esas flores diminutas
de los años que comienzan.

Prefería,
dejar intactos los estantes
habitarse sola
y no volver a vaciar
la mitad de las gavetas.

ESTAS IMÁGENES CORREN EN SEPIA

El día que abrí mis poros
una ola de arena trajo algas
a enredarse en ellos.

Las convertí en un secreto
que guardo en el bolsillo
y saco a pasear
si rasguña mis piernas.

Da vueltas al parque,
juega entre trapecios,
gira sobre sí mismo.

Corre de mi antebrazo al cuello,
se rasca el lomo en mis hombros,
me cuenta historias al oído;

a veces duerme detrás de mis ojos
y acampa en mis cejas cuando llueve.

Yo coloco botellas de agua
y lo rocío con pimienta
        para que no se acerque
pero les ha perdido el miedo
y hasta una silla
ha conseguido.

Es mi culpa;
he dejado que jale mi pelo,
que muerda mis pies,
que escarbe memorias,
de cigarras y dolores.

Algún día,
para desprender las algas,
tendré que visitar el mar,
soplarlas con sal
coserme los poros,
y esconder la silla.

INHABITABLE

La idea de su existencia
en bucle
       ojos
color camello
       piel
de arena

me martillaron las pupilas para construir una casa
que no puedo habitar

y quiero
a los ojos color camello
que me inventé con las letras de sus manos
       quiero
pegarles un tiro en la frente
y ya no morirme de sed.

INCISIÓN

Colocaron un bisturí en mi mano,
frente a mis ojos
                un cuerpo asustado.
Podía contarle las costillas,
sobre el esternón una fila de hormigas
hechas de agua.

Temblaba.

Me dieron a elegir:
                abrir el pecho o la garganta.
Yo escogí sus palabras.

PORTAL

Lo encontré habitando una casa sola, pretendiendo en un ejercicio absurdo descubrirse en las palabras.

Uso los versos para cubrir el vacío de las paredes—me dijo. Llenarse de melancolía es ignorar la gracia que nos trae el silencio —le dije.

Calló. Al tocarlo mis manos se camuflaron en las placas de arena mojada que emergieron de sus escápulas; si no las perdí fue solo por el blanco que apareció en mis uñas, al tratar de exprimir su torso.

Entonces me vi. En los tonos oscuros de sus brazos y la largura de sus huesos. En las historias que nacían de sus dedos, que recogían raíces y mis párpados. Volví a las inmediaciones de sueños pausados. No sé decir si fue él o fueron las vidas que traía plasmadas en el cuadro impresionista del iris, pero se abrió un cielo y en un instante, reencontré las pistas que hacía siglos habían caído en mis bolsillos.

Los versos también son portales.

BOCETO II

la pausa trajo
el abrazo de las hojas
la luz tibia que salpica
los canales de tierra

olas de aire
que peinan las pestañas
                    y las bromelias

nos encontró
        tirados
en el seno del río
llevando una vida invisible
al bosque de alveolos
que habita la misma casa
donde silba el corazón

Abandono de la inercia

Las dormilonas cerraron
el cielo de sus pupilas,
atravesadas por paisajes
que nunca vieron.

No las cegó el sol.
No recibieron ramos de llovizna;
ninguna mano antigua
las llenó de consuelo.

En las plantas de sus ojos
se secaron las nubes.
Horas de descoser caricias
para no aprender a llorar.

Quizás ahora,
con la tierra deshaciendo sus memorias
y la redención de las flores cortadas
pueda
en silencio
ser agua.

Bosque lluvioso premontano

Los pasos que van adelante
suenan a ramas quebrándose:

los cuento

      salpican

el líquido de las pozas
rebota en las piedras
             y las convierte en trampolines

Sus piernas son ahora
toboganes de agua

hojas en remojo
y un portón oxidado
que cruza el cielo

Contar pasos
puede a veces
devolvernos el presente

Abre la boca
y exhala un vaho
a montaña helada

Existe

Es dulce
nubla la vista
y se desvanece
       en un tiempo definido

      [una gota de lluvia en la nuca
           me hace levantar la cabeza]

Él existe
           solamente
    en un tiempo
                        definido

Avenida 5 de mayo

Azul era la tapa del jabón que había en el baño de su pieza. Vivía en un cuarto piso, a dos cuadras de Alameda Central. Nos conocimos en la fascinación urbana de la ciudad capital, pero ella conservaba el olor cálido del Mar Caribe. Era una contradicción; en sus proporciones combinaba la vulnerabilidad del trópico con una simetría digna del *art déco,* tal como la escalera de ese edificio en el que terminamos. Bueno, yo terminé. Y con el jabón de tapa azul del baño de su pieza me lavé las manos.

Me echó antes de las seis. Mientras desayuno a solas una hogaza de pan añejo, último elemento de mi alacena en decadencia, pienso: las noches así deberían durar al menos 30 años. Y yo, tal vez unos cuantos minutos más.

INTERVALO

Hay un espacio que nace
entre tu hombro
y las raíces de tu pelo

Concavidad camaleona
       color refugio
mecedora en horas
de guerra interna

receptora
de risas ahogadas
en toque de queda

manjar simple
profundidad exacta
para grabar el paso
de mis dientes

Concavidad bendita,
       esta es mi ofrenda:
besos de puntillas
suavizando tus tejidos
la mezcla de cervicales flexibles
donde ahora apoyo mi cabeza

Con el permiso de Oliverio y Gustavo (o no)

> No te confundas, no sirve el rencor
> son espasmos después del adiós.
> Gustavo Cerati

Llorar las ausencias de antemano
llorar la despedida y que te vaya bien
y gracias por venir y gracias porvenir

Llorar de antemano el túmulo
de memorias partidas por el vino
de gargantas en huelga
y carencias tendidas
en un patio que ya no es de nadie

Llorarte, como Oliverio, a chorros
remojar los reproches,
las tazas sucias
y el lugar de tus zapatos
en una casa que ya no es nadie

Llorarte, de antemano, hasta
saldar las cuentas
vaciar las culpas
y quitar los restos
        para la siguiente ronda

Llorar las ausencias de antemano
y los gajes del olvido
escribirlos
póstumos

GRIETAS

Madera

Una mujer sentada y con madera
le busca sentido a los huesos
y contradicciones a los pájaros.

Una mujer sentada y con madera
busca versos debajo de los tréboles
y abre cuencos en la tierra,

              de ahí bebemos todas.

Dios es mujer
que se cuela entre los dedos y las cuerdas
y nos dicta canciones
            y poemas.

Reflejo

Sentada, viéndole la espalda
le besó los hombros
con el cuidado de los primates
que se limpian las pieles.

A ci ca lar.

Sus manos pinzas le extrajeron
con un pulso exquisito
la vergüenza de explorar [se]
un cuerpo como el suyo.

Las de ella
                 más doradas
conocían el miedo
y la culpa
        de odiar al marido,
        de las bodas de perla,
        de orgasmos fingidos.

Tembló, y agradeció
la propiedad quirúrgica
que le nace a las extremidades
cuando desminan el pasado.

Habían vivido setenta años,
escapistas crónicas
de sí mismas,

y hasta ahora, viéndose
las manos
       los cuerpos
              espejos

se supieron libres.

Letanía

Te llamaré Piedad
aunque digan que
no es nombre de niñas.

Ven, Piedad
no cruces más fronteras
    ¿con cuánta hambre
        se aprende a caminar desiertos?

Ven, Piedad
no te ahogues en el río
    ¿a las cuántas vidas
        se vale atravesar el muro?

Ven, Piedad
que explota el edificio
    ¿con cuántos cuerpos
        se declara un genocidio?

Ven, Piedad
juega con nosotras
    crucemos los dedos
    ahoguémonos de risa
    y que lo único que vuele en la cara
    sea el confeti de la piñata.

Te llamaré Piedad
aunque digan que
no es nombre de niñas.

Porque tampoco parece
ser asunto de grandes.

MIÉRCOLES, 06:00 P.M.

Con sangre enterrada en las uñas
y los labios hinchados
acabé.

Me quedan
las piernas húmedas
y la conciencia tranquila.

BOCETO III

Al relieve del cuerpo
le abro cataratas
que inundan las pupilas

        tinajas de agua y sal

casa de bosque húmedo
grita toda la piel
cuando las manos avanzan
y mojan las piernas

ESA CORTINA NO DEJA QUE ENTRE LA LUZ

Un puerto explota. La ceniza cubre la cara de un niño que ya no juega. Los pulmones abiertos exigen aire que se agota.

El agua corre por cuencas manchadas, se desliza por alcantarillas, la sacuden corrientes estampando su olor contra túneles que sostienen la ciudad. El olor añejo y las ratas inundan los tubos oscuros donde nadie entra, nadie limpia, nadie canta.

Las hojas se lanzan de los árboles antes de tiempo cuando el viento y la lluvia se desvisten furiosos en una cama de nubes. Y los techos vuelan y no hay quien contenga el aire, ni quien le saque los cólicos, ni lo cubra con lavanda.

La tormenta lanza un alma cansada de escarbar troncos para chupar su savia y sobrevivir. Le ordena caminar debajo del suelo y coleccionar raíces que adornen el vacío, cuando los truenos paren.

La gata duerme sin ronronear y los ojos adictos a la pared buscan respuestas en las líneas de las tablas. Pero las líneas rectas nunca han sabido responder preguntas.

Los dientes rechinan
nadie despierta
el papel ya no tiene olor
y como si no fuera suficiente
anoche se acabó el café.

RÉPLICA AL ESCAPARATE

¿Por qué no hay hombres modelos
en las entregas de premios?
Habría que verlos con las caras pintadas,
vestidos color encaje y sonrisa en pausa.

Quisiera ver sus nalgas
oscilando de arriba abajo
                disociadas
dejando el escenario
después de alegrarle la vida
a algún talento emergente.

¿Por qué las pieles depiladas?
¿Acaso no son igual de exquisitos
los vellos socialmente aceptados
de los tipos equis-ye?

Me etiquetan el cuerpo
producto y envase
con exposición restringida
para entretenimiento ajeno.

Piernas paleta
rellenas de dulce de leche
pezones
           porno sí,
                    protesta no.

Disponibles en tu evento masivo favorito.
                    aplican restricciones

Retrato a las diez de la mañana

Ya lloré los platos sucios y las compasiones vencidas. También puse el agua del café.

Van doce mujeres extintas este mes. La última tenía mi color de piel y el vientre abierto. Se llamaba Elisa. Ayer le gritaron en la plaza. No era de aquí.

Hace más de doscientos ochenta y cinco muertos que Ortega se baña con sangre. Anoche mataron a Julio. A él le abrieron el pecho. Estudiaba.

Sacudí de la media las últimas gotas del café chorreado y me tragué los espasmos de las mentiras que seguimos creyendo.

Balance del 2018

Si yo fuera pintora, dibujaría un hombro cargado de inclemencias que, descansando en el portón de la vecina, esperase la hora del café. Lo cubriría con un almendro, de esos extraviados en los barrios del sur, porque no creo que se encuentre mejor reposo que bajo la sombra de un árbol. O mejor fortuna que la de compartir las penas a las cuatro de la tarde.

Sería mujer, de cuerpo ancho, pies forrados de hule y camisa de rayas gastadas, como las venas de sus piernas. Llevaría una ofrenda recién salida del comal en las manos, lo sabrían por las gotitas de agua condensada en la envoltura transparente.

Si yo fuera pintora, dibujaría una fila de seres humanos caminando hacia un abismo. Irían cayendo uno por uno, como caen las piezas que se terminan de ensamblar en las fábricas, sin conocer la fuerza que las mueve.

Y si yo fuera María Trinidad, Angélica, Casandra, Kimberly, Helen, María Paula, Miriam, Marta, Rita, Xinia, Karen, Marisol, Angélica, María Arantzazu, Grettel, María Isabel, Mariana, Marilyn, Flor de María, Margarita, Sonia Marta;

pediría estar viva.

CIUDAD CAPITAL

> Ahí cae la lluvia,
> viene, viene el sufrimiento
> pero si la lluvia pasa,
> ¿cuándo pasa el sufrimiento?
> ¿cuándo viene la esperanza?
> ALÍ PRIMERA

Lo inmortal de las cajas de cartón
reside en ser casa
después de ser empaque.

En sobrevivir al agua
que ahoga las calles,
y al chiqui-chiqui
del bar de la esquina;

mientras sus capas
de papel mojado
se camuflan
con la mierda que respiran

quienes esperan la redención
fumándose la avenida siete.

LLOVIÓ

Los hilos suicidas de los ruedos desgastados son aspiradores chupando el agua guardada en cuencos de cemento. Charcos en pausa, turbios, anfitriones de insectos agonizantes y facturas desteñidas. Una colilla de cigarro flota creyendo haber encontrado en el líquido estático tumba segura, cuando una estampida de pies ataca el charco y desplaza los cuerpos. La colilla se eleva y ¡tass! Aterrizaje en seco en el asfalto.

Hay silencio. La ciudad de noche es una bóveda que custodia historias y augurios. Para Mariano es así, y se funde en ella como quien busca un abrazo que abra puertas, que resguarde pero libere. Las fibras sintéticas de su abrigo usado planean el viento y sin quererlo, la intranquilidad de su trote transforma la calle en orquesta: tela silbante, chapoteo y pasos, irónicamente secos.

Huele a agua caída. La bruma opaca las luces que luchan por adornar los grises de las bodegas, pero no alcanza a disimular la decadencia de los edificios. Son fachadas de encierros mentales y tetas digitales. Sedes de humanos en degradación, con aceites negros escurriendo por sus órganos y la voluntad como sus huesos, quebradiza. Las penas curvando sus vértebras para terminar convexos, sumergidos en todas las distracciones externas.

Mariano lo sabe, por eso prefiere las calles de charcos con colillas flotantes y la bóveda que custodia historias y augurios. Hay cuentos de mejores gentes, de ojos lúcidos y columnas rectas; de cristales rotos protestando contra las sedes grises. Lo sabe, lo escuchó entre la música de orquesta con su soledad fundida en la noche. Escuchó también que en este lado ciertas veces vale más ser menos humano.

Quizá el silencio es el mejor augurio.

Constrictor

Un pecho que no se expande
inhala corto y enfermo
como quien no quiere la vida
o le está costando quererla.

Los poros son túneles de fuga
para una intranquilidad
que se adentra y coloniza.

      La periferia de la glotis
se contrae
como quien congela
un orgasmo de mujer.

Bolo histérico:
          alerta tangible
de organismos en agonía;
microcosmos ignorante

de los millones de años que encierra
de sus futuros latentes
y de la rotunda eternidad
que le ha sido dada.

Visita guiada

Cercados por vidrios transparentes
retratados y seccionados
los fueron abriendo
         en dos.

Absolutos extinguiéndose
         en sus propias guerras
agua sabor plástico
gargantas ahumadas
de aire urticante.

Había rastro de notas sagradas
en contradicción con la evidencia empírica
      las montañas sin tripas
         las tripas sin consuelo
las pieles curtidas de abandono.

Concluyeron que venían completos
pero comenzaron a olvidar
ignoraron las pistas que habían heredado
y entonaban versículos
         como himnos marciales.

                    Se abrió la puerta;
              el vidrio transparente
                ahora es espejo.

UNA COBIJA DE AVIÓN TE CALIENTA LOS PIES

Recoge las ollas del agua
camina por los techos
barriendo palmeras caídas
y el sueño de los meses que vienen

>*vamos niña,*
>*hay una colchoneta*
>*en la iglesia del barrio*

abre las bolsas
arroz y frijoles
papel higiénico
alimento para perros

>*a ver si se te seca la blusa*

Pregunta a mamá
por qué les dicen
damnificados

Y mamá llora la tierra
como llora todos los cuerpos
los humedales convertidos en piña
manglares por un Todo Incluido
niños menores de doce entran gratis
niños menores de doce desaparecidos

[una bolsa de plástico baja por la alcantarilla]

vos en tu cama
pedís almuerzo para llevar
y tuiteás que entrenaste
a pesar del frío.

ACERCA DE LA AUTORA

Carolina Campos Solís (Costa Rica, 1988). Es la segunda de cuatro hijas de una mamá mexicana y un papá costarricense, y la compañera orgullosa de Celia, su gata negra. Leer ha sido parte de su vida desde que aprendió a hacerlo, pero no se supo poeta hasta que en 2018 empezó a incluir la escritura en su vida cotidiana. Entonces descubrió una herramienta de catarsis e introspección cuyos efectos solo había experimentado, de forma similar, practicando yoga.

La poesía ha sido sanadora y transformadora, así como acompañante del proceso de reconciliación con su niña interna. Compartirla ha sido un ejercicio de vulnerabilidad que encuentra su máxima expresión en "Helechos en los poros".

Además de poeta, Carolina es internacionalista y gestora de proyectos. En 2018 presentó sus textos, por primera vez, en los talleres del Laboratorio Popular de Literatura. Posteriormente, empieza a ser invitada a recitales y a conocer más sobre la vida poética de su país. En agosto del mismo año, realiza su primera participación en la Feria Internacional del Libro (Costa Rica), en la presentación de la *Antología de Nueva Poesía Costarricense, Certamen Desierto* (Editorial Fruit Salad Shaker). En 2019 vuelve a la Feria Internacional del Libro con la puesta en escena de poesía performática "Lámparas", al lado de las poetas jóvenes con quienes más tarde fundan **Colectiva Jícaras.** Sus compañeras Jícaras han sido fundamentales en el camino de la poesía y desde ese espacio sigue creando arte, cultivando sororidad y moldeando constantemente su feminismo.

La poesía de Carolina ha sido publicada en revistas digitales como Liberoamérica, Campos de Plumas (México), Oxímoron (Bolivia) y La Libélula Vaga (Suecia); también en la antología digital de poesía *Nueva poesía costarricense* y en la antología de la Colectiva Jícaras *Atemporal*. Además, ha sido participado en el Festival Nacional de Poesía de Costa Rica (2020), así como en el podcast latinoamericano de poesía "Tufillo de poeta", que se graba en la ciudad de Nueva York, y el podcast City Voices de Nueva York Poetry Review.

Más de la autora en: www.carolinaescribe.com

ÍNDICE

Helechos en los poros

Prefacio · 15

Brotar

Orogénesis · 21
Autorretrato en tres tiempos · 23
Boceto I · 25
Rasguño · 26
Desde el borde de la almohada
los ojos de la gata son piscinas de algas · 27
Mis piernas se han cubierto de herrumbe · 28
Parece poema pero es anécdota · 30
Ayer volví a escuchar pop · 32
Centrífuga · 34
Día de campo · 35
La gata · 36
Segundo asalto · 38

Esporas

Sofía · 43
El silencio ha traído a mis muertas de vuelta · 44
En su armario no caben mis zapatos · 46
Estas imágenes corren en sepia · 47
Inhabitable · 49
Incisión · 50
Portal · 51
Boceto II · 52

Abandono de la inercia · 53
Bosque lluvioso premontano · 54
Avenida 5 de mayo · 56
Intervalo · 57
Con el permiso de Oliverio y Gustavo (o no) · 58

Grietas
Madera · 65
Reflejo · 66
Letanía · 68
Miércoles, 6:00 PM · 70
Boceto III · 71
Esa cortina no deja que entre la luz · 72
Réplica al escaparate · 73
Retrato a las diez de la mañana · 74
Balance del 2018 · 75
Ciudad capital · 76
Llovió · 77
Constrictor · 79
Visita guiada · 80
Una cobija de avión te calienta los pies · 81

Acerca de la autora · 87

Colección
VIVO FUEGO
Poesía esencial
(Homenaje a Concha Urquiza)

1
Ecuatorial / Equatorial
Vicente Huidobro

2
Los testimonios del ahorcado (Cuerpos siete)
Max Rojas

Colección
CUARTEL
Premios de poesía
(Homenaje a Clemencia Tariffa)

1
El hueso de los días
Camilo Restrepo Monsalve
-
V Premio Nacional de Poesía
Tomás Vargas Osorio

2
Habría que decir algo sobre las palabras
Juan Camilo Lee Penagos
-
V Premio Nacional de Poesía
Tomás Vargas Osorio

Colección
**PREMIO INTERNACIONAL DE POESÍA
NUEVA YORK POETRY PRESS**

1
Idolatría del huésped / Idolatry of the Guest
César Cabello

2
Postales en braille / Postcards in Braille
Sergio Pérez Torres

3
Isla del Gallo
Juan Ignacio Chávez

4
Sol por un rato
Yanina Audisio

5
Venado tuerto
Ernesto González Barnert

Colección
CRUZANDO EL AGUA
Poesía traducida al español
(Homenaje a Sylvia Plath)

1
The Moon in the Cusp of My Hand /
La luna en la cúspide de mi mano
Lola Koundakjian

2
And for example / Y por ejemplo
Ann Lauterbach

3
Sensory Overload / Sobrecarga sensorial
Sasha Reiter

Colección
PIEDRA DE LA LOCURA
Antologías personales
(Homenaje a Alejandra Pizarnik)

1
Colección Particular
Juan Carlos Olivas

2
Kafka en la aldea de la hipnosis
Javier Alvarado

3
Memoria incendiada
Homero Carvalho Oliva

4
Ritual de la memoria
Waldo Leyva

5
Poemas del reencuentro
Julieta Dobles

6
El fuego azul de los inviernos
Xavier Oquendo Troncoso

7
Hipótesis del sueño
Miguel Falquez Certain

8
Una brisa, una vez
Ricardo Yañez

9
Sumario de los ciegos
Francisco Trejo

10
A cada bosque sus hojas al viento
Hugo Mujica

Colección
PARED CONTIGUA
Poesía española
(Homenaje a María Victoria Atencia)

1
La orilla libre / The Free Shore
Pedro Larrea

2
No eres nadie hasta que te disparan /
You are nobody until you get shot
Rafael Soler

3
Cantos : & : Ucronías / Songs : & : Uchronies
Miguel Ángel Muñoz Sanjuán

Colección
MUSEO SALVAJE
Poesía latinoamericana
(Homenaje a Olga Orozco)

1
La imperfección del deseo
Adrián Cadavid

2
La sal de la locura / Le Sel de la folie
Fredy Yezzed

3
El idioma de los parques / The Language of the Parks
Marisa Russo

4
Los días de Ellwood
Manuel Adrián López

5
Los dictados del mar
William Velásquez Vásquez

6
Paisaje nihilista
Susan Campos Fonseca

7
La doncella sin manos
Magdalena Camargo Lemieszek

8
Disidencia
Katherine Medina Rondón

9
Danza de cuatro brazos
Silvia Siller

10
Carta de las mujeres de este país / Letter from the Women of this Country
Fredy Yezzed

11
El año de la necesidad
Juan Carlos Olivas

12
El país de las palabras rotas / The Land of Broken Words
Juan Esteban Londoño

13
Versos vagabundos
Milton Fernández

14
Cerrar una ciudad
Santiago Grijalva

15
El rumor de las cosas
Linda Morales Caballero

16
La canción que me salva / The Song that Saves Me
Sergio Geese

17
El nombre del alba
Juan Suárez

18
Tarde en Manhattan
Karla Coreas

19
Un cuerpo negro / A Black Body
Lubi Prates

20
Sin lengua y otras imposibilidades dramáticas
Ely Rosa Zamora

21
*El diario inédito del filósofo vienés Ludwig Wittgenstein /
Le Journal Inédit Du Philosophe Viennois Ludwig Wittgenstein*
Fredy Yezzed

22
El rastro de la grulla / The Crane's Trail
Monthia Sancho

23
Un árbol cruza la ciudad / A Tree Crossing The City
Miguel Ángel Zapata

24
Las semillas del Muntú
Ashanti Dinah

25
Paracaidistas de Checoslovaquia
Eduardo Bechara Navratilova

26
Este permanecer en la tierra
Angélica Hoyos Guzmán

27
Tocadiscos
William Velásquez

28
*De cómo las aves pronuncian su dalia frente al cardo /
How the Birds Pronounce Their Dahlia Facing the Thistle*
Francisco Trejo

29
El escondite de los plagios / The Hideaway of Plagiarism
Luis Alberto Ambroggio

30
*Quiero morir en la belleza de un lirio /
I Want to Die of the Beauty of a Lily*
Francisco de Asís Fernández

31
La muerte tiene los días contados
Mario Meléndez

32
Sueño del insomnio / Dream of Insomnia
Isaac Goldemberg

33
La tempestad / The tempest
Francisco de Asís Fernández

34
Fiebre
Amarú Vanegas

35
Es polvo, es sombra, es nada
Mía Gallegos

36
Luminoscencia
Sebastián Miranda Brenes

37
Ciudad Gótica
Sean Salas

Colección
TRÁNSITO DE FUEGO
Poesía centroamericana y mexicana
(Homenaje a Eunice Odio)

1
41 meses en pausa
Rebeca Bolaños Cubillo

2
La infancia es una película de culto
Dennis Ávila

3
Luces
Marianela Tortós Albán

4
La voz que duerme entre las piedras
Luis Esteban Rodríguez Romero

5
Solo
César Angulo Navarro

6
Échele miel
Cristopher Montero Corrales

7
La quinta esquina del cuadrilátero
Paola Valverde

8
Profecía de los trenes y los almendros muertos
Marco Aguilar

9
El diablo vuelve a casa
Randall Roque

10
Intimidades / Intimacies
Odeth Osorio Orduña

11
Sinfonía del ayer
Carlos Enrique Rivera Chacón

12
Tiro de gracia / Coup de Grace
Ulises Córdova

13
Al olvido llama el puerto
Arnoldo Quirós Salazar

14
Vuelo unitario
Carlos Vázquez Segura

15
Helechos en los poros
Carolina Campos Solís

16
Cuando llueve sobre el hormiguero
Alelí Prada

Colección
LABIOS EN LLAMAS
Poesía emergente
(Homenaje a Lydia Dávila)

1
Fiesta equivocada
Lucía Carvalho

2
Entropías
Byron Ramírez Agüero

3
Reposo entre agujas
Daniel Araya Tortós

Colección
MUNDO DEL REVÉS
Poesía infantil
(Homenaje a María Elena Walsh)

1
Amor completo como un esqueleto
Minor Arias Uva

2
La joven ombú
Marisa Russo

Colección
SOBREVIVO
Poesía social
(Homenaje a Claribel Alegría)

1
#@nicaragüita
María Palitachi

2
Cartas desde América
Ángel García Núñez

3
La edad oscura / As Seen by Night
Violeta Orozco

Colección
VEINTE SURCOS
Antologías colectivas
(Homenaje a Julia de Burgos)

Antología 2020 / Anthology 2020
Ocho poetas hispanounidenses / Eight Hispanic American Poets
Luis Alberto Ambroggio
Compilador

***

Colección
PROYECTO PALITACHI

Voces del café
María Palitachi
Compiladora

Colección
MEMORIA DE LA FIEBRE
Poesía feminista
(Homenaje a Carilda Oliver Labra)

1
Bitácora de mujeres extrañas
Esther M. García

2
Una jacaranda en medio del patio
Zel Cabrera

3
Erótica maldita
María Bonilla

Para los que piensan, como Zel Cabrera que "en el espejo somos la misma, somos mujeres posibles, que habitamos la tierra, ceñidas como una jacaranda a sus raíces, a florecer en primavera", este libro se terminó de imprimir en junio de 2021 en los Estados Unidos de América.

www.ingramcontent.com/pod-product-compliance
Lightning Source LLC
Chambersburg PA
CBHW030120170426
43198CB00009B/684